ښوونځی - ትምህርት ቤት 2
سفر - ጉዞ 5
ټرانسپورټ - መጓጓዣ 8
ښار - ከተማ 10
منظره - መልከዓምድር 14
ریسټورانټ - ምግብ ቤት 17
لوی پلورنځی - የሸቀጣ ሸቀጥ መደብር 20
څښاک - መጠጦች 22
خواړه - ምግብ 23
کرونده - እርሻ 27
کور - ቤት 31
د اوسیدو خونه - ሳሎን 33
پخلنځی - ማድቤት 35
حمام - መታጠቢያ ቤት 38
د ماشوم خونه - የልጅ ክፍል 42
پوښاک - አልባሳት 44
دفتر - ቢሮ 49
اقتصاد - ኢኮኖሚ 51
مسلکونه - የስራ ሙያዎች 53
لوازم - መሳሪያዎች 56
د میوزیک آلات - የሙዚቃ መሳሪያዎች 57
ژوبڼ - የደር እንስሳት ማቆያ 59
ورزش - የስፖርት አይነቶች 62
فعالیتونه - እንቅስቃሴዎች 63
کورنۍ - ቤተሰብ 67
بدن - አካል 68
روغتون - ሆስፒታል 72
عاجل - ድንገተኛ 76
ځمکه - ምድር 77
ساعت - ሰዓት 79
اونۍ - ሳምንት 80
کال - ዓመት 81
شکلونه - ቅርፆች 83
رنګونه - ቀለማት 84
متضاد - ተቃራኒዎች 85
شمیرې - ጥሮች 88
ژبې - ን ዎች 90
څوک/څه/څنګه - ማን/ ምን/ እንዴት 91
چیرې - የት 92

Impressum
Verlag: BABADADA GmbH, Nedderfeld 112 , 22529 Hamburg
Geschäftsführer / Verlagsleitung: Harald Hof
Druck: Books on Demand GmbH, In de Tarpen 42, 22848 Norderstedt

Imprint
Publisher: BABADADA GmbH, Nedderfeld 112 , 22529 Hamburg, Germany
Managing Director / Publishing direction: Harald Hof
Print: Books on Demand GmbH, In de Tarpen 42, 22848 Norderstedt, Germany

1

ښوونځی

ትምህርት ቤት

መማሪያ ክፍል
تقسیم
ማካፈል
186/2
بورډ
ሰሌዳ
ښوونکی
መምህር
ورق
ወረቀት
لیکل
መፃፍ
قلم
እስክሪብቶ
መፃፊያ ጠረጴዛ
خط کش
ማስመሪያ
کتاب
መጽሐፍ
زده کونکی
ተማሪ

کڅوړه

....

የጆርባ ቦርሳ

د پنسل بکسه

....

የእርሳስ መያዣ

پنسل

....

እርሳስ

پنسل تراش

....

የእርሳስ መቅረጫ

ربړ

....

ላጲስ

د رسامی پاڼه

....

የስዕል ደብተር

رسامي

ስዕል

د نقاشۍ برس

የቀለም ብሩሽ

د نقاشۍ بکس

የቀለም ሳጥን

قيچي

መቀስ

سریښ

ማጣበቂያ

د تمرين کتاب

መልመጃ ደብተር

کورنۍ دنده

የቤት ስራ

12

شمیر

ቁጥር

2+2

جمع

መደመር

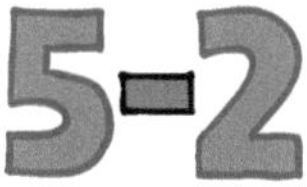

5-2

منفي

መቀነስ

2×2

ضرب

ማባዛት

حساب

ቁጥሮችን ማስላት

A

توری

ደብዳቤ

ABCDEFG
HIJKLMN
OPQRSTU
VWXYZ

الفبا

ፊደላት

hello

کلمه

ቃል

متن

ፅሑፍ

لوستل

ማንበብ

تباشير

ጠመኔ

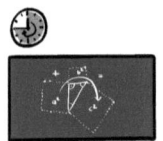

درس

ትምህርት

راجستر

ምዝገባ

ازموينه

ፈተና

تصديق پاڼه

ሰርተፊኬት

د ښوونځي يونيفارم

የትምህርት ቤት የደንብ ልብስ

تعليم

ትምህርት

دايره المعارف

አዉደ ጥበብ

پوهنتون

ዩኒቨርስቲ

مايكروسكوپ

የምርምር አጉሊ መሳርያ

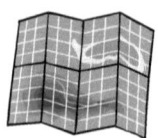

نقشه

ካርታ

اشغالدانی

የቆሻሻ ወረቀት መጣያ ቅርጫት

هوټل
ሆቴል
ليليه
ማረፊያ ቤት
د اسعارو د تبادلي دفتر
የውጭ ገንዘብ ምንዛሪ ቢሮ
بکس
ልብስ መያዣ
ሻንጣ
موټر
መኪና

ژبه
....
ቋንቋ

هو/نه
....
አዎ/ አይደለም

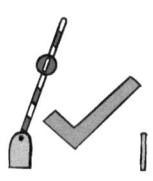

سمه ده
....
እሺ

سلام
....
ሰላም

ژباړونکی
....
አስተርጓሚ

مننه
....
አመሰግናለሁ

څومره دي...؟

ስንት ነዉ.......?

زه نه پوهيږم

አልገባኝም

ستونزه

እክል

ماښام مو پخير!

እንደምን አመሹ!

سهار په خير!

እንደምን አደሩ!

شپه په خير!

መልካም ምሽት!

په مخه مو ښه

ደህና ይሰንብቱ

لارښود

አቅጣጫ

سامان

ሻንጣ

بيک

ቦርሳ

شاتنى بکس

የጀርባ ቦርሳ

ميلمه

እንግዳ

خونه

ክፍል

د خوب کڅوړه

የመተኛ ቦርሳ

خيمه

ድንኳን

د توریزم معلومات

....

የጎብኚዎች መረጃ

ساحل

....

የባህር ዳርቻ

کریډیټ کارت

....

ክሬዲት ካርድ

ناری

....

ቁርስ

د غرمې خواړه

....

ምሳ

د شپې خواړه

....

እራት

ټیکټ

....

ቲኬት

لفټ

....

አሳንሰር

مهر

....

ማህተም

پوله

....

ድንበር

ګمرک

....

ባህሎች

سفارت

....

ኤምባሲ

ویزه

....

ቪዛ/የይለፍ ወረቀት

پاسپورټ

....

ፓስፖርት

الوتکه
አውሮፕላን

بېړۍ
መርከብ

د اور ماشین
የእሳት አደጋ
መኪና

بس
አውቶብስ

ټرک
የጭነت መኪና

موټرکښتۍ
የሞተር ጀልባ

موټر
መኪና

بایک
ብስክሌት

کښتۍ
....
የማመላለሻ ጀልባ

کښتۍ
....
ጀልባ

موټرسایکل
....
የሞተር ብስክሌت

د پولیسو موټر
....
የፖሊስ መኪና

د ریس موټر
....
የውድድር መኪና

کرایی موټر
....
የኪራይ መኪና

د کرایه موټري

የመኪና መጋራት

جرثقیل لرونکی ټرک

ጎታች መኪና

ریفیوز ټرک

የቆሻሻ ጭነት መኪና

موټر

ሞተር

سونګ توکي

ነዳጅ

پټرول سټیشن

የቤንዚን ማደያ

ترافیکي نښه

የመንገድ ምልክት

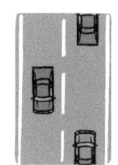

ترافیک

የመኪኖች እንቅስቃሴ

جام ترافیک

የመኪና መጨናነቅ

د موټرو تمځای

የመኪና ማቆሚያ

د ریل سټیشن

የባቡር ጣቢያ

پټکي

የባቡር ሀዲዶች

ریل

ባቡር

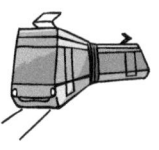

ټرام

የኤሌክትሪክ ባቡር

واګون

ሰረገላ

چورلکه

....

ሄሊኮፕተር

هوايي ډګر

....

አየር ማረፊያ

برج

....

ማማ

مسافر

....

መንገደኛ

کانټینر

....

ማስቀመጫ፤ ማጠራቀሚያ

کارتون

....

ካርቶን እቃ ማሸጊያ

کارت

....

ጋሪ፤ ተሳቢ

ټوکرى

....

ቅርጫት

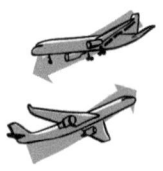

الوتنه کول/کښیناستل

....

መነሳት/ ማረፍ

ښار

ከተማ

کلی

....

መንደር

د ښار مرکز

....

የከተማ ማዕከል

کور

....

ቤት

سینما
ሲኒማ

اعلان
ማስታወቂያ

د کوڅې لامپ
የመንገድ ዳር
መብራت

کوڅه
መንገድ

ټکسي
ታክسي

د خوارو پلورنځی
የቁርስ መቆያ ሱቅ

پیاده
እግረኛ

پلي لاره
ድንጋይ የተነጠፈበት የእግረኛ
መንገድ

د سرک څخه تیریدو لاره
የእግረኛ መሻገሪያ

اشغالدانی (لوی)
የቆሻሻ ማጠራቀሚያ

د تیریدو لاره
ማጽረጫ

د ترافیک څراغونه
የትራፊክ መብራቶች

کودله
....
ጎጆ

اپارتمان
....
አፓርታማ

د ریل سټیشن
....
የባቡር ጣቢያ

ټاون هال
....
የከተማ አዳራሽ

میوزیم
....
ቤተ መዘክር

ښوونځی
....
ትምህርት ቤት

پوهنتون

ዩኒቨርስቲ

بانک

ባንክ

روغتون

ሆስፒታል

هوټل

ሆቴል

درملتون

መድሐኒት ቤት

دفتر

ቢሮ

کتاب پلورنځی

መፅሐፍ መሸጫ

پلورنځی

ሱቅ

د ګلانو پلورنځی

የአበባ መሸጫ

لوی پلورنځی

የሸቀጣ ሸቀጥ መደብር

مارکيټ

ገበያ ስፍራ

د ډيپارټمنټ سټور

መደብር

کب پلورنځی

የዓሳ ነጋዴ

د پلور مرکز

የገበያ ማዕከል

لنګرتون

ወደብ

پارک

መናፈሻ ቦታ

بینچ

አግዳሚ ወንበር

پل

ድልድይ

زینه

ደረጃዎች

د ځمکې لاندې

ዉስጥ ለዉስጥ

تونل

ዋሻ

بس تمځای

የአዉቶቡስ ፌርማታ

بار

ባር

ریسټورانټ

ምግብ ቤት

پوست بکس

የፖስታ ሳጥን

د کوڅې نښه

የመንገድ ምልክት

د پارک کولو میټر

የመኪና ማቆሚያ ሒሳብ የሚያስላ ማሽን

ژوبڼ

የደር እንስሳት ማቆያ

د لامبو حوض

የመዋኛ ገንዳ

مسجد

መስጊድ

کرونده

እርሻ

ناپاکي

የሚበክል ነገር

هدیره

መቃብር ስፍራ

چرچ

ቤተ ክርስቲያን

د لوبو ډګـر

መጫወቻ ሜዳ

معبد/کلیسا

ቤተ መቅደስ

منظره

መልከዓምድር

ቅጠል
د لارښوونې نښه
የመንገድ ላይ ምልክት
لاره
መንገድ
چمن
አረንጓዴ መስክ
کاڼی
ድንጋይ
ዛፍ
በእግሩ የሚጓዝ
سیند
ወንዝ
ሳር
ګـل
አበባ

دره

ሸለቆ

غوندی

ኮረብታ

ناور

ሀይቅ

ځنگل

ጫካ

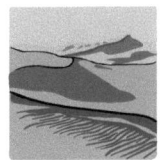

دشته

በረሃ

اورشیندی

እሳተ ገሞራ

کلا

ግምብ

رنګین کمان

ቀስተ ዳመና

مرخیړي

እንጉዳይ

پلم ونه

የቴምብር ዛፍ/ ዘንባባ

ماشي

ቢንቢ/ የወባ ትንኝ

الوتل

በራሪ

میږی

ጉንዳን

مچۍ

ንብ

غونډل/جولا

ሸረሪት

ګونګټ

....

ጢንዚዛ

چونګښه

....

እንቁራሪት

نولی

....

ሽኮኮ

زیږکی

....

ጃርት

سوی

....

ጥንቸል

ګونګ

....

ጉጉት ወፍ

مرغی

....

ወፍ

قازه

....

የዉሃ ዳክዬ

نرخوګ

....

ከርከሮ

هوسی

....

አጋዘን

ګاوزه

....

አጋዘን

بند

....

ግድብ

بادي توربین

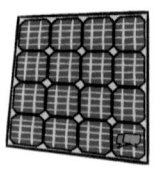

....

በነፋስ የሚሽከረከር

سولر تختي

....

የፀሀይ ፓኔሎ

اقلیم

....

አየር ንብረት

ريسټورانټ

ምግብ ቤት

پېشخدمت
አስተናጋጅ
مینو
ማዉጫ
سوپ
ሾርባ
پیزا
ፒዛ
ښاخی، چاقو، کاشوغه
መክተፊያ

سټارټر
....
የምግብ ፍላጎትን የሚከፍት ምግብ

اصلي خواړه
....
ዋና ምግብ

شیرني
....
ማጣጣሚያ ተከታይ ምግብ

څښاک
....
መጠጦች

خواړه
....
ምግብ

بوتل
....
ጠርሙስ

فاسټ فوډ
....
ፈጣን ምግብ

د کوڅې خواره
....
የመንገድ ምግብ

چای جوش
....
የሻይ ማንቆርቆሪያ

قندانی
....
የስኳር እቃ

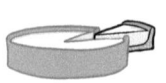

برخه
....
ድርሻ

اسپرسو مشین
....
የቡና ማፊያ ማሽን

لوړه چوکۍ
....
ባለጌ ወንበር

رسید
....
የክፍያ ደረሰኝ

مجمه
....
ትሪ

چاکو
....
ቢላዋ

پنجه
....
ሹካ

قاشق
....
ማንኪያ

چای قاشق
....
የሻይ ማንኪያ

سورویت
....
ልብስ ምግብ እንዳይነካ የሚረዳ ጨርቅ

ګلاس
....
ብርጭቆ

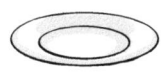

پلیټ

....

ዝርግ ሰሀን

د سوپ پلیټ

....

የሾርባ ጎድጓዳ ሰሀን

نالبکۍ

....

የስኒ ማስቀመጫ

ساس

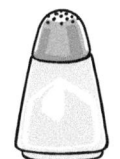

....

ማጣፈጫ ስጎ

مالګه شیندونکی

....

የጨዉ እቃ

د مرچ ټکولو لوخی

....

የተፈጨ ቃሪያ

سرکه

....

ኮምጣጤ

غوړي

....

የምግብ ዘይት

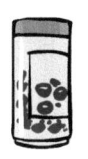

مساله

....

ቀመማ ቅመሞች

کچ اپ

....

የቲማቲም ድልህ

شرشم

....

ሰናፍጭ

چکه

....

ማዮኒዝ

لوی پلورنځی

የሸቀጣ ሸቀጥ መደብር

قصابي

ሉካንዳ ነጋዴ

نانوایی

መጋገርያ

وزن کول

ክብደት መመዘን

سبزیجات

ቅጠላ ቅጠል አትክልት

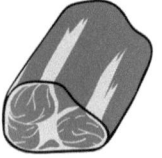

غوښه

ስጋ

کنګل خواړه

የቀዘቀዘ/የረጋ ምግብ

یخه غوښه

ቀዝቃዛ ቁራጭ

کنسروا خواړه

የታሸገ ምግብ

د مینځلو پوډر

የማጠቢያ ዱቄት

شیریني

ጣፋጮች

کورني تولیدات

የቤት ውስጥ ዉጤቶች

د پاکولو محصولات

የፅዳት ምርቶች

د پلور فرد

የሽያጭ ባለሙያ

د نغدي راجستر

የገንዘብ መመዝቢያ ማሽን

صراف

የሒሳብ ሰራተኛ

د پیرود لیست

የግዢ ዝርዝር

کاري ساعتونه

ክፍት ሰዓታት

بټوه

የኪስ ቦርሳ

کریډیټ کارت

ክሬዲት ካርድ

کڅوړه

ቦርሳ

پلاستیک کڅوړه

የፕላስቲክ ቦርሳ

څښاک

መጠጦች

اوبه
ዉሃ

جوس
ጭማቂ

شيده
ወተት

کوک
ኮካ-ኮላ

واين
ወይን

بير
ቢራ

الکول
አልኮል

ککاو
ኮካ

چای
ሻይ

کافي
ቡና

اسپرسو
የተፈላ ቡና

کپچينو
ካፕቺኖ

نارنج

....

ብርቱካን

منڼه

....

ፖም

کیله

....

ሙዝ

ګازره

....

ካሮት

لیمو

....

ሎሚ

هندوانڼه

....

ሀብሀብ

پیاز

....

ቀይ ሽንኩርት

بانکس

....

ሸምበቆ

هوږه

....

ነጭ ሽንኩርት

آش

....

የህፃናት ምግብ

چغزی

....

ለዉዝ

مرخیړي

....

እንጉዳይ

سپیګټي

ፓስታ

وريجي

ሩዝ

سلاد

ሰላጣ

چپس

የድንች ጥብስ

سره کړي کچالو

ድንች ጥብስ

پیزا

ፒዛ

همبرګر

ዳቦ ዉስጥ በስሱ ተጠብሶ የገባ ስጋ

سانډویچ

ሳንድዊች

کټره

ጥሬ ስጋ

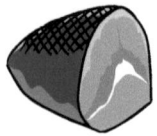

د پتون غوښه

የአሳማ ስጋ

سلمي

በቅመምና በጨዉ የታሸ ምግብ ቀዝቅዞ የሚበላ ሾርባ ምግብ

ساسچ

ቋሊማ

چرګ

ዶሮ

روسټ

ጥብስ

کب

አሳ

د وربشي شيرني

....

የአጃ ገንፎ

موسلي

....

ከወተት ጋር ተደባልቀዉ የሚበሉ ምግቦች

د جوار پلی

....

የበቆሎ ቅርፊት

اوړه

....

ዱቄት

کروسانت

....

ኩራሳ

د ډوډی رول

....

ድብልብል ዳቦ

ډوډی

....

ዳቦ

ټوسټ

....

መጥበስ

بسکيټ

....

ብስኩት

کوچ

....

ቅቤ

چکه

....

እርጎ

کیک

....

ኬክ

هګی

....

እንቁላል

پښي هګی

....

እንቁላል ጥብስ

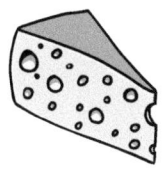

پنیر

....

አይብ

آیس کریم

የበረዶ ክሬም

بوره

ስኳር

شهد

ማር

مربا

ማርማላት

نوگات کریم

የተናጠ የወተት ክሬም

کورکمان

ማጣፈጫ

کرونده

د کروندې خونه
የገበሬ ቤት
غوجل
የእህልና የከብት ማቀመጫ ቤት
የጭድ ክምር
ሜዳ
اس
ፈረስ
ተሳቢ መኪና
ټریکټر
የእርሻ መኪና
کوچنی اس
የፈረስ ዉርንጭላ
خر
አህያ
پسه
በግ
وری
የበግ ጠቦት

وزه
ፍየል

غوا
ላም

خوسکی
ጥጃ

خوګ
አሳማ

د خوګ بچی
ግልገል አሳማ

غویی
ኮርማ

کرونده - እርሻ

بته

ዝይ

هیلی

ዳክዬ

چرګوړی

የዶሮ ጫጩት

چرګه

ዶሮ

بانګي

አዉራ ዶሮ

سارای موږک

አይጥ

پیشک

ድድመት

موږک

አይጥ

غویی

በሬ

سپی

ዉሻ

د سپي خونه

የዉሻ ቤት

د باغ هوز

የአትክልት ቦታ

د اوبو لوخی

ዉሃ ማጠጫ ባልዲ

لور (داس)

ረጅም ማጭድ

یوی

ማረሻ

لور

ማጭድ

رمبی

መኮትኮቻ

بښاخی

የእህል መንሽ

تبر

መጥረቢያ

کراچۍ

ኩርኩር/ የእጅ ጋሪ

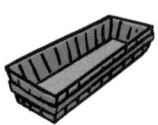

ناوه

ገንዳ

د شیدو لوخی

የወተት ዕቃ

جوال

ጆንያ ከረጢት

کټاره

አጥር

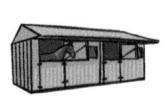

مضبوط

የፈረስ ጋጣ

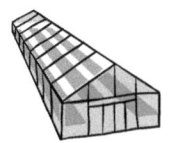

شنه خونه

ዕፅዋት ማሳደጊያ የመስታዉት ቤት

خاوره

አፈር

تخم

ዘር

سره/کود

የመሬት ማዳበሪያ

ګډ ریبونکی ماشین

ጥምር ማረሻ

زیرمه کول

አዝመራ መሰብሰብ

درمند

አዝመራ

خوږه کچالو

ድንች

غنم

ስንዴ

سویا

ሶያ

کچالو

ድንች

جوار

በቆሎ

نباتي تخم

የከብት መኖ

د میوې ونه

የፍሬ ዛፍ

مانیوک

የካሳቫ ዛፍ

غله

እህል

درځه
የጭስ
ማውጫ

بام
ጣራ

ناودان
አሽንዳ

کرکۍ
መስኮት

کراج
ጋራዥ

د دروازې زنگ
የበር ደወል

دروازه
በር

اشغالدانی
የቀሻሻ
ማጠራቀሚያ

د لیک بکس
ፖስታ ሳጥን

باغ
የአትክልት ቦታ

د اوسیدو خونه
────────
ሳሎን

حمام
────────
መታጠቢያ ቤት

پخلنځی
────────
ማድቤት

د ویده کیدو خونه
────────
መኝታ ቤት

د ماشوم خونه
────────
የልጅ ክፍል

د خوارو خونه
────────
መመገቢያ ክፍል

فرش

ወለል

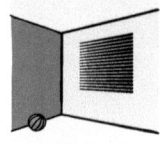

دیوال

ግድግዳ

چت

ጣሪያ

زيرخانه

ምድር ቤት

سونا

በእንፋሎት ሙቀት መታጠቢያ ቤት

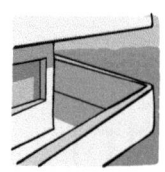

بالكوني

ሰገነት

تراس

ከፍ ያለ መደብ

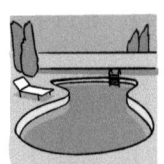

حوض

የመዋኛ ገንዳ

د چمن وهلو ماشين

የማጨጃ መኪና

شيټ

አንሶላ

روجايي

የአልጋ ልብስ

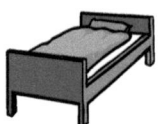

تخت

አልጋ

جارو

መጥረጊያ

بوكه

ባልዲ

سويچ

ማብሪያና ማጥፊያ

د اوسیدو خونه

ሳሎን

والپیپر
የግድግዳ ወረቀት
عکس
ፎቶ
لامپ
መብራት
መደርደሪያ
الماری
ቁም ሳጥን፣ ካቢኔ
تلویزیون
نغری
የእሳት መሞቂያ
አበባ
ትራስ
صوفه
ሶፋ
ګلدانی
የአበባ ማስቀመጫ
ሪሞት ኮንትሮል

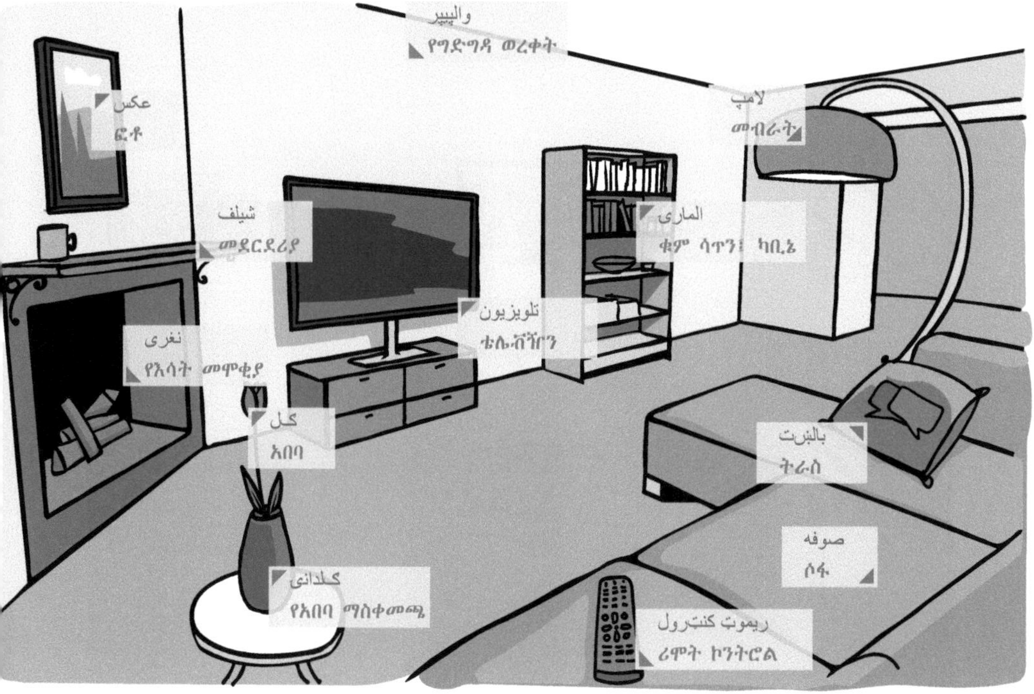

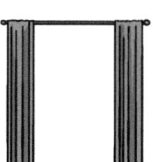

غالی

ንጣፍ

پرده

መጋረጃ

میز

ጠረጴዛ

چوکی

ወንበር

تاویدونکې چوکی

ተወዛዋዥ ወንበር

بازو لرونکی چوکی

ባለመደገፊያ ወንበር

كتاب

መጽሐፍ

كمپل

ብርድ ልብስ

ډيكوريشن

ጌጥ

د اور لرگي

ማገዶ

فلم

ፊልም

هاي‌فاي

የሙዚቃ መሚጫወቻ

كلي

ቁልፍ

ورځپاڼه

ጋዜጣ

نقاشي

ስ ል

پوستر

የተለጠፈ ማስታወቂያ እንደ ስ ል

راډيو

ራዲዮ

كتابچه

ማስታወሻ ደብተር

واكيوم جارو

የአየር ማፅጃ ለምንጣፍ

كاكتوس

ቁልቋል

شمع

ሻማ

پخلنځی

ማድቤት

فریج
ማቀዝቀዣ
مایکرو ویو اون
ማይክሮዌቭ ምግብ ማብሰያ
د پخلنځي تله
የኩሽና መመዘኛ ሚዛን
ټوسټر
ዳቦ መጥበሻ
مینځونکی
ንፁህ ማድረጊያ
سټوو
ምድጃ
یخچال
ማቀዝቀዣ
اشغالدانی
የቆሻሻ ማጠራቀሚያ
د لوخو مینځونکی
እቃ ማጠቢያ

دیګ بخار

ምግብ አብሳይ

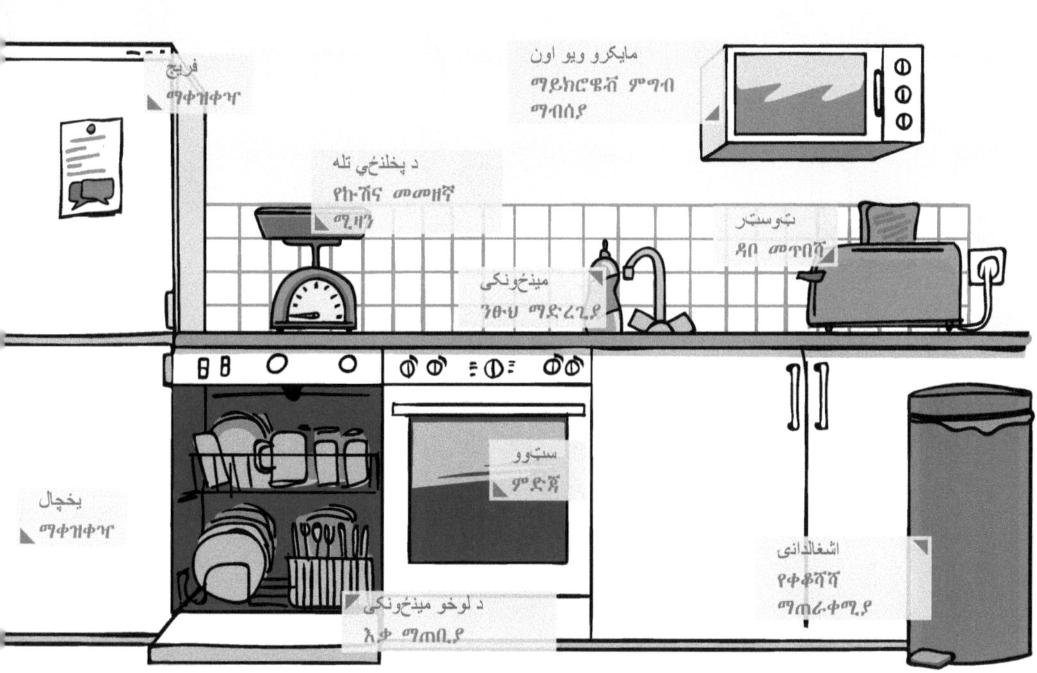

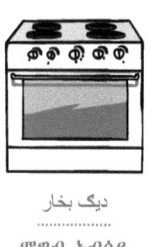

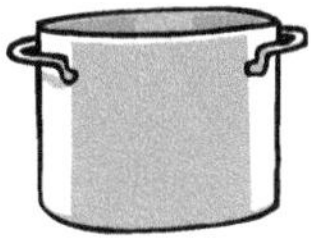

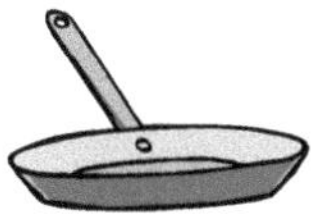

لوخی

ማሰሮ

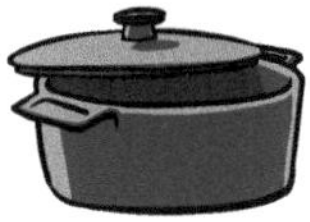

چدني لوخی

የብረት ማሰሮ

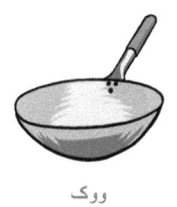

ووک

ምግብ ማብሰያ ዝርግ ድስት

د تلي په

የምግብ መጥበሻ

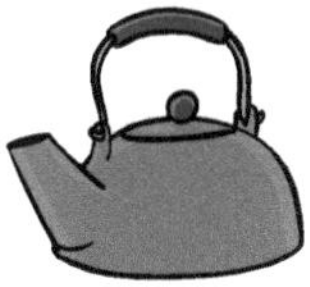

چای جوش

ማንቆርቆሪያ

د بخار دیګ

የእንፋሎት ማብሰያ

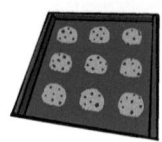

پتنوس

የመጋገሪያ ትሪ

لوخي

ሰብስቦች

مګ

ትልቅ ኩባያ

کاسه

ጎድጓዳ ሳህን

د رانیولو اوزار

ቾፕስቲክስ

څمڅۍ

ጭልፋ

کفګیر

መሰቅሰቂያ ዝርግ ማንኪያ

پاکونکی

ማደባለቂያ

صافي

መወጠሪያ

غلبیل

ወንፊት

ګریټر

መፈርፈሪያ መሳሪያ

اونګ

ሲሚንቶ

بار بي کیو

የፍም ጥብስ

خلاص اور

የተለቀቀ እሳት

تخته

መክተፊያ

هوارونکی

ተንሸራታች መርፌ

کارک سکریو

የጠርሙስ መክፈቻ

ټیم

ጣሳ

د ټیم خلاصونکی

የጣሳ መክፈቻ

د لوخي ټوټه

የማሰሮ መሸፈኛ

ظرف شوی

ሳህን ማጠቢያ

برس

ብሩሽ

سپنج

ስፖንጅ

بلینډر

መደባለቂያ መሳሪያ

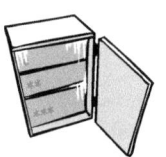

ژور یخچال

በጣም ማቀዝቀዣ

د ماشوم بوتل

ጡጦ

نل

ቧንቧ

حمام

مታጠቢያ ቤት

تودول
جان پاک
ፎጣ
شاور
መታጠቢያ
د شاور پرده
የመታጠቢያ ቤት መጋረጃ
ببل حمام
የአረፋ መታጠቢያ
د حمام ټب
የመታጠቢያ ገንዳ
ብርጭቆ
د مينځلو مشين
የልብስ ማጠቢያ
نل
ቧንቧ
ټايلونه
يو ډول کمود
ፖፖ
ظرف شوی
ሳህን ማጠቢያ

تشناب
....
ሽንት ቤት

فرشي کمود
....
የሽንት ቤት መቀመጫ

کمود
....
ሳፋ

د متيازو ځای
....
የመንገድ ዳር መሽኛ

تشناب کاغذ
....
የሽንት ቤት ወረቀት

د تشناب برس
....
የሽንት ቤት ማፅጃ ብሩሽ

د غاښونو برس
....
የጥርስ ብሩሽ

د غاښونو کریم
....
የጥርስ ሳሙና

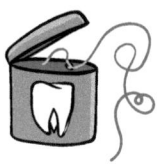

د غاښونو نخ
....
የጥርስ ማፅጃ ክር

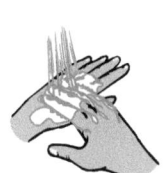

مینځل
....
መታጠብ

لاسي شاور
....
የእጅ መታጠቢያ

دوش
....
መታጠቢያ

خانک
....
ጎድጓዳ ሳህን

د شا برس
....
የጀርባ ብሩሽ

صابون
....
ሳሙና

د شاور ژل
....
የመታጠቢያ የሚዝለገለግ ሳሙና

شامپو
....
የፀጉር መታጠቢያ ሳሙና

فلانل جامه
....
ለስላሳ ጨርቅ

وچول
....
ፍሳሽ

کریم
....
ክሬም

سپری
....
ጠረን መቀየሪያ ንጥረ ነገር

حمام - መታጠቢያ ቤት 39

آينه

መስታወት

لاسي آينه

የእጅ መስታወት

ريزر

ምላጭ

د خريلو فوم

የመላጫ አረፋ

د خريلو وروسته

ከመላጨት በኋላ የሚቀባ ሽቱ

ګمنځ

ማበጠሪያ

برس

ብሩሽ

د ويښتانو وچونکی

የፀጉር ማድረቂያ

د ويښتانو سپری

በፀጉር ላይ የሚነፋ

ميک اپ

የፊት መቀባቢያ

ليپ سټيک

የከንፈር ቀለም

د نوکانو پالش

የጥፍር ቀለም

کاټن ورۍ

የጥጥ ሱፍ

ناخن ګير

ጥፍር መቁረጫ

عطر

ሽቶ

د مینځلو کڅوړه
....
ማጠቢያ ባልዲ

سټول
....
መቀመጫ

د وزن کولو تله
....
ሚዛን

د حمام پوښاک
....
የመታጠቢያ ልብስ

د ربړ دستکش
....
የላስቲክ ጓንት

ټامپون
....
ሞዴስ

صحيي جان پاک
....
የፅዳት ፎጣ

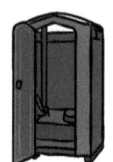

کيميکل تشناب
....
የሽንት ቤት ኬሚካል

د ماشوم خونه

የልጅ ክፍል

د الارم ساعت
የማንቂያ ደዉል ሰዐት
د لوبو وسایل
የህፃን አሻንጉሊት
د ناڅکي موټر
የመጫወቻ መኪና
የአሻንጉሊት ቤት

بالون

ፊኛ

تخت

አልጋ

کالسکه

የህፃን ማንሸራሸሪያ ጋሪ

د لوبو ورقې

የካርታ መጫወቻ

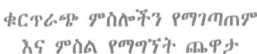

جیګسا

ቁርጥራጭ ምስሎችን የማገጣጠም
እና ምስል የማግኘት ጨዋታ

مسخره

አዝናኝ

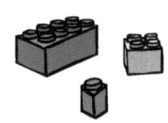

لیګو بریک

ተገጣጣሚ መጫወቻ

د نانځکو بلاک

የመጫወቻ መገጣጠሚያዎች

د اکشن فیګور

የድርጊት ምስል

د ماشوم پوښاک

የህፃን እድገት

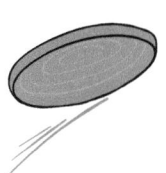

فریزبي

የፕላስቲክ መጫወቻ ዝርግ ሰሀን

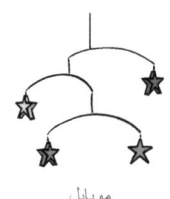

موبایل

ተወዛዋዥ የህፃን ማጫወቻ

بورډ لوبه

የሰሌዳ ጨዋታ

تاس

የመጫወቻ ጠጠር

ماډل ریل سیټ

የመጫወቻ ባቡር

ګونګشی

የእንጀራ እናት ጡጦ

پارټي

ድግስ

د عکسونو البوم

የስዕል መፅሀፍ

بال

ኳስ

نانځکه

አሻንጉሊት

لوبیدل

መጫወት

د شګو کنده

የአሸዋ መጫወቻ

سوینګ

ዥዋዥዌ

نانځکي

መጫወቻዎች

د ویډیو لوبو کنسول

የቪዲዮ መጫወቻ

ټرای سایکل

ባለ ሶስት ጎማ ብስክሌት

ګوډګه

የአሻንጉሊት ድብ

د کالو الماری

ቁምሳጥን

پوښاک

አልባሳት

جرابې

ካልሲዎች

لوړې جرابې

ስቶኪንጎች

ټایټس

ታይት

زروکی
የአንገት ልብስ

چتری
ጃንጥላ

تي شرت
ከናቴራ

کمربند
ቀበቶ

سنیکر
ስኒከሮች

بوتان
ቡቲ

سلیپر
የቤት ዉስጥ ነጠላ ጫማ

سیندل
ነጠላ ጫማዎች

بوتان
ጫማዎች

د ربر بوتان
የዝናብ ቡትስ

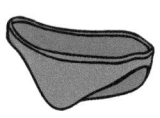

زیرنیکري
ሙታንታ

سینه بند
ጡት መያዣ

واسکت
ስደርያ

بادي

ሰዉነት

پتلون

ሱሪዎች

جينز

ጅንስ

لمن

ጉርድ ቀሚስ

بلاوز

ሸሚዝ

شرټ

ሸሚዝ

بنيان

የሚጠለቅ ሹራብ

سویټر

ሹራብ

بليزر

ዩኒፎርም ጃኬት

جاکټ

ጃኬት

کوټ

ኮት

د باران کوټ

የዝናብ ኮት

پوښاک

ልብስ

کالي

ቀሚስ

د واده پوښاک

የሙሽራ ቀሚስ

دریشي

ሱፍ

د شپې پوښاک

የለሊት ልብስ

پاجامه

የለሊት ልብስ

ساړي

ረጅም ቀሚስ

لوپټه

ሂጃብ

پټکی

ጥምጣም

برقه

ቡርቃ

کفتن

ሽርጥ

عبا

አባያ

د لامبو پوښاک

የዋና ልብስ

نیکر

አጭር ቁምጣ

شارټ

ቁምጣዎች

د ځغاستې پوښاک

የስራ ቱታ

پیش بند

ሽርጥ

دستکش

ጓንት

بټن

ቁልፍ

عینک

መነፅር

لاس بند

አምባር

غاړه کۍ

የአንገት ሀብል

ګوتمه

ቀለበት

غوږوالۍ

የጆሮ ጌጥ

خولۍ

ኮፍያ

کوټ بند

የኮት መስቀያ

خولۍ

ኮፍያ

ټایي

ክረቫት

ځنځیر

ዚፕ

هیلمیټ

የብረት ቆብ

ترونکۍ

መደገፊያ

د ښوونځي یونیفارم

የትምህርት ቤት የደንብ ልብስ

یونیفارم

የደንብ ልብስ

بيب

መሃረብ

ګونګشی

የእንጀራ እናት ጡጦ

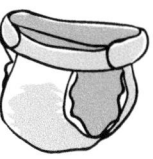

نيپي

ሽንት ጨርቅ

دفتر

ቢሮ

د کافي پياله

የቡና መጠጫ ትልቅ ኩባያ

کالکوليټر

ማስልያ ማሽን

انټرنيټ

ኢንተርኔት

لپ ټاپ
ላፕቶፕ

لیک
ደብዳቤ

پیغام
መልዕክት

موبایل
ተንቀሳቃሽ ስልክ

نیټورک
የግንኙነት አዉታር

فوټوکاپیر
ማባዣ ማሽን

سافټویر
ሶፍትዌር

تلیفون
ስልክ

پلک ساکټ
የግድግዳ ሶኬት

فکس مشین
የፋክስ ማሽን

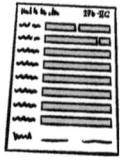

فارم
ቅፅ

سند
ሰነድ

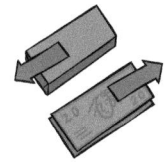

پیرل

መግዛት

تادیه کول

መክፈል

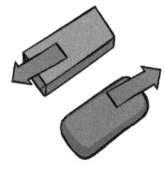

سوداگري کول

መነገድ

پیسې

ገንዘብ

ډالر

ዶላር

یورو

ዩሮ

ین

የን

ربل

ሩብል

سویسي فرانک

የስዊዝ ፍራንክ

رینمینبي یوان

ሬንሚንቢ ዩዋን

روپۍ

ሩፒ

د نغدي پیسو خای

የገንዘብ ነጥብ

د اسعارو د تبادلي دفتر

የዉጭ ገንዘብ ምንዛሪ ቢሮ

سره زر

ወርቅ

سپین زر

ብር

تیل

ዘይት

انرژي

ሀይል፤ ጉልበት

نرخ

ዋጋ

قرارداد

ግንኙነት

مالیه

ቀረጥ

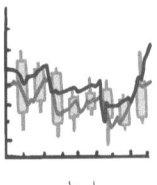

اسهام

አክስዮን

کار کول

መስራት

کارمند

ተቀጣሪ

کار ګومارونکی

ቀጣሪ

فابریکه

ፋብሪካ

پلورنځی

ሱቅ

مسلکونه

የስራ ሙያዎች

د پولیسو افسر
የፖሊስ አዛዥ
د اطفایه غړی
የእሳት አደጋ ሰራተኛ
آشپز
ምግብ አብሳይ
ዶክተር
አብራሪ

باغوان

አትክልተኛ

نجار

አናጢ

خیاط

ልብስ ሰፊ ሴት

قاضي

ዳኛ

کیمیا پوه

ቀማሚ

د فلم لوبغاړی

ተዋናይ

د بس ډرايور

የአዉቶቢስ ሹፌር

د ټيکسي ډرايور

የ ክሲ ሹፌር

کب نيونکی

አሳ አጥማጅ

خدمه

ፅዳት ሰራተኛ

بام جوړونکی

የጣራ ሰራተኛ

پیشخدمت

አስተናጋጅ

ښکاري

አዳኝ

نقاش

ሰዓሊ

نانوا

ጋጋሪ

د برښنا کارکونکی

የኤሌትሪክ ሰራተኛ

تعمير جوړونکی

ገምቢ

انجنير

መሃንዲስ

قصاب

ልኳንዳ

نلدوان

የቧንቧ ሰራተኛ

پوست رسونکی

የፖስ ሰራተኛ

سرتیری

ወታደር

مهندس

መሃንዲስ

صراف

የሒሳብ ሰራተኛ

ماليار

አበባ ሻጭ

نایی

የፀጉር ሰራተኛ

کلینډر

ቲኬት ቆራጭ

میکانیک

መካኒክ

کپتان

ካፒቴን

د غاښونو ډاکټر

የጥርስ ሐኪም

ساینس پوه

ተመራማሪ

ښاغلی

መምህር

امام

የሙስሊም ሃይማኖታዊ መሪ

مذهبي نفر

መነኩሴ

پادري

ካህን

مسلکونه - የስራ ሙያዎች 55

ሳሪያዎች

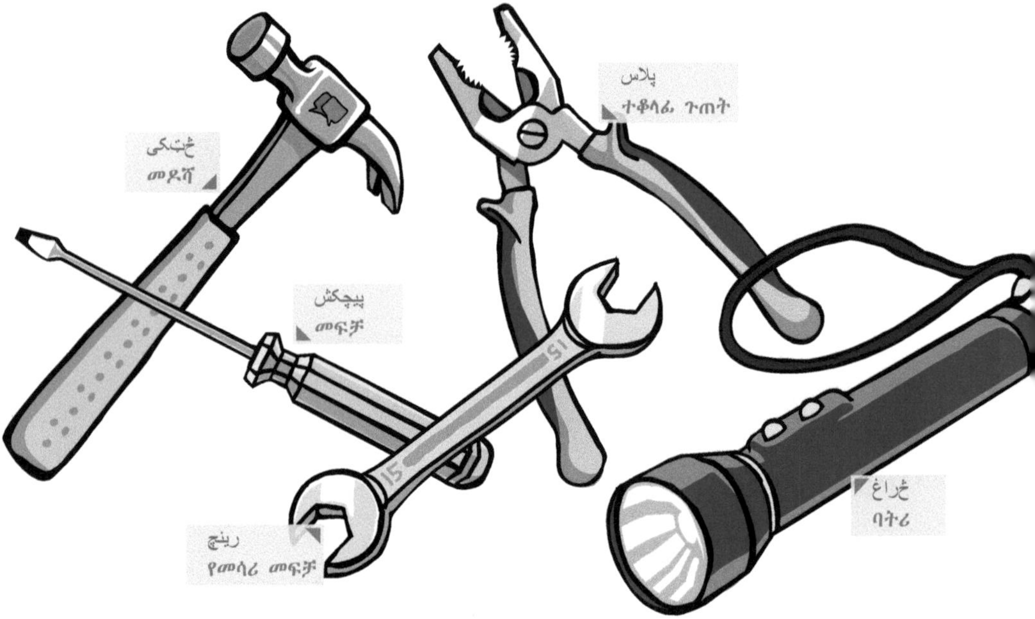
پلاس
ተቆላፊ ጉጠት
ځټکی
መዶሻ
پیچکش
መፍቻ
رینچ
የመሳሪ መፍቻ
څراغ
ባትሪ

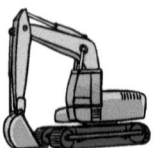

کنستونکی

በቁፋሮ የሚዝቅ

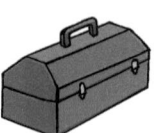

د لوازمو بکس

የመፍቻ ሳጥን

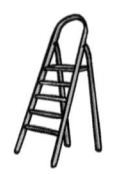

زینه

መሰላል

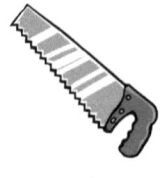

اره

መጋዝ

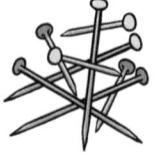

میخونه

ምስማር

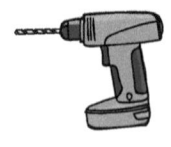

برمه

መሰርሰሪያ

ترمیم کول

መጠገን

بیل

አካፋ

لعنت!

የተረገመ!

خاک انداز

ቆሻሻ ማፈሻ

مشواڼۍ

የቀለም ቆርቆሮ

پیچونه

ብሎን

د میوزیک آلات

የሙዚቃ መሳሪያዎች

لاوډ سپیکر
የድምፅ ማጉያ መሳርያ
ډرم سیټ
የከበሮ መሳሪያዎች
ክራር መሰል የሙዚቃ መሳሪያ
ድርብ ቤዝ ጊታር
ټرومپیټ
የትንፋሽ ሙዚቃ መሳሪያ

پیانو

ፒያኖ

وایلن

ቫዮሊን

باس

ወፍራም፤ ጎርናና ድምፅ ያለዉ ክራር መሰል ሙዚቃ መሳሪያ

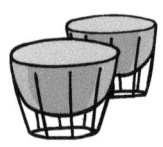

نغاره

ነጋሪት

ډرمونه

ከበሮ

کي بورډ

በኤሌክትሪክ የሚሰራ ፒኖ

سیکسافون

የትንፋሽ ሙዚቃ መሳሪያ

شپیلۍ

ዋሽንት

مایکروفون

የድምፅ ማጉያ

ژوبڼ

የደር እንስሳት ማቆያ

ነብር
پنجره
ګوره خر
የሜዳ አህያ
د ژوبو خواره
የእንስሳ ምግብ
ትልቅ ድብ
ننوتو لاره
መግቢያ

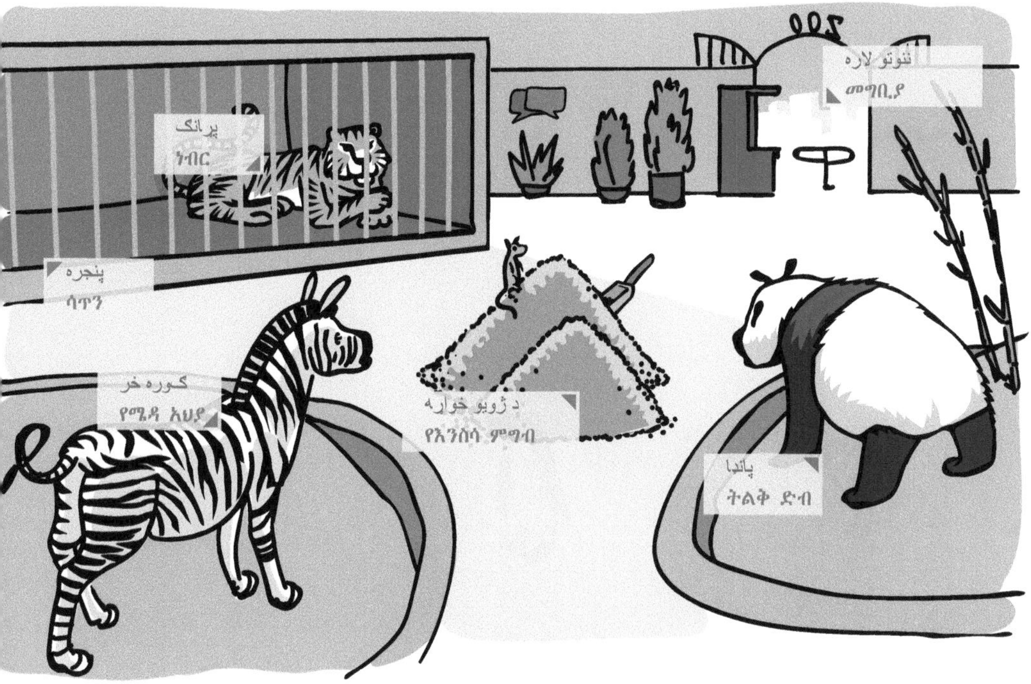

ژوی

እንስሳቶች

هاتي

ዝሆን

کنګرو

ካንጋሮ

د اوبو اسپ

አዉራሪስ

ګوریلا

ትልቅ ዝንጀሮ

ایږه

ድብ

اوښ

ግመል

ښترمرغ

ሰጎን

زمری

አንበሳ

بيزو

ጦጣ

غزی

ቅልጥም ረዠም ወፍ

طوطي

በቀቀን

قطبي ايږه

የወዋልታ ድብ

پينگوين

የዋልታ ወፍች

شارک

ረዠም ጥርሶች ያሉትአሳ ነባሪ

طاوس

ጣዎስ

مار

እባብ

تمساح

አዞ

ژوبن ساتونکی

የዱር አራዊት የሚጠበቁበት
ማቆያን የሚጠብቅ

سيل

አሳ በሊታ የባሀር እንስሳ

جگوار

የዱር ድመት

یابو

ድንክ ፈረስ

پڑانک

ነብር

هیپو

ጉማሬ

زرافه

ቀጭኔ

باز

ንስር

نرخوک

ከርከሮ

کب

አሳ

شمشتی

የባህር ኤሊ

سمندري نولی

የባህር አዉሬ

گیدڑه

ቀበሮ

هوسی

የሜዳ ፍየል፤ ሚዳቋ

የስፖርት አይነቶች

امریکایی فټبال
ሜሪካ እግርኳስ
سایکل ځغلول
ስክሌት ስፖርት
ټینیس
باسکیټبال
ቅርጫት ኳስ
لامبو
ና
باکسینګ
ቡጢ ስፖርት
د کنګل هاکي
በረዶ ላይ ገና ጨ ታ

فټبال

....

እግር ኳስ

کسیزه

....

ላበ ኳስ ጨ ታ

د ځغاستي لوبي

....

ትሌቲክስ

د هندبال

....

እጅ ኳስ ስፖርት

سکي

....

በረዶ መንሸራተት ስፖርት

پولو

....

ሬስ ግልቢያ

ټوپ وهل
غاړه ورکول
ማቀፍ
خندل
ቅ
سندرې ویل
ር
خوب لیدل
عبادت کول

لیکل

....

ፃፍ

کښل

....

ል

ښودل

....

ማ የት

ټیله کول

....

ግፋት

ورکول

....

ስጠት

اخیستل

....

ሰድ

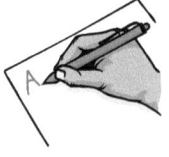

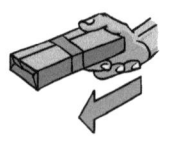

درلودل

መያዝ

کول

ማድረግ

پاییدل

መሆን

ودریدل

መቆም

منډې وهل

መሮጥ

راکښل

መሳብ

ګوزارل

መወርወር

لویدل

መዉደቅ

څملاستل

መዋሸት

انتظار کول

መጠበቅ

وړل

መሸከም

کښیناستل

መቀመጥ

پوښاک اغوستل

መልበስ

ویده کیدل

መተኛት

پاڅیدل

መንቃት

کتل

መመልከት

ژړل

ማለልቀስ

برید کول

መጫር

ګمنځ کول

ማበጠር

خبري کول

ማዉራት

پوهيدل

መረዳት

غوښتل

ጥያቄ

اوريدل

ማዳመጥ

څښل

መጠጣት

خوړل

መብላት

پاکول

ማንፃት

مينه کول

ማፍቀር

پخلی کول

ምግብ ማብሰል

موټر چلول

መንዳት

الوتل

መብረር

بېړۍ چلول
....
መርከብ መንዳት

حساب
....
ቁጥሮችን ማስላት

لوستل
....
ማንበብ

زده کول
....
መማር

کار کول
....
መስራት

واده کول
....
ማግባት

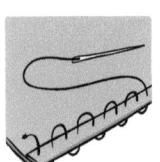

ګنډل
....
መስፋት

د غاښونو برس کول
....
ጥርስ መቦረሽ

وژل
....
መግደል

سګرټ څښل
....
ማጨስ

لیږل
....
መላክ

ቤተሰብ

نیا
ት አያት
نیکه
ወንድ አያት
پلار
አ ት
مور
ናት
ماشوم
ህፃን
لور
ት ልጅ
زوی
ወንድ ልጅ

میلمه

ንግዳ

ترور

አክስት

کاکا/ماما

አጎት

ورور

ወንድም

خور

ህት

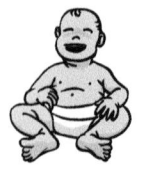

بدن

አካል

ماشوم

ህፃን

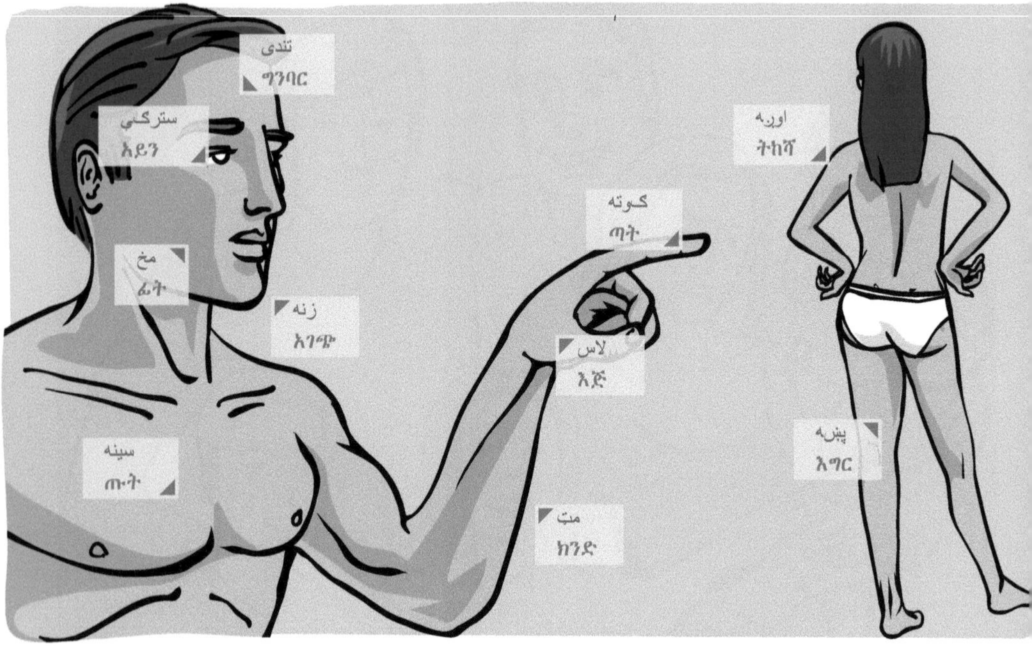

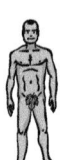

سړی

ሰዉ

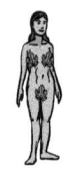

ښځه

ሴት

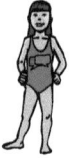

انجلۍ

ልጃገረድ

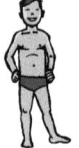

هلک

ወንድ ልጅ

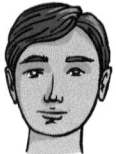

سر

ራስ

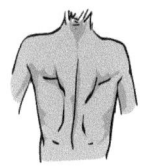

شا

ጀርባ

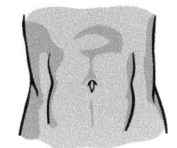

خیټه

ሆድ

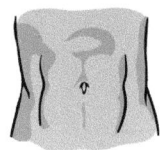

نوم

እምብርት

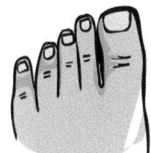

د پښې ګوته

የእግር ጣት

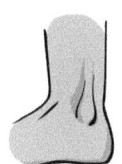

پونده

ተረከዝ

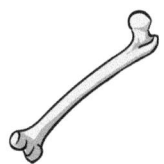

هډوکی

አጥንት

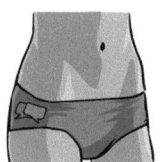

کوناټی

ዳሌ

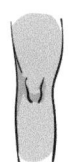

زنګون

ጉልበት

څنګل

ክርን

پوزه

አፍንጫ

لاندې برخه

ቂጥ

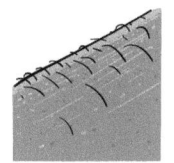

پوټکی

ቆዳ

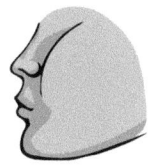

غومبوری

ጉንጭ

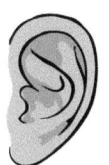

غوږ

ጆሮ

شونډه

ከንፈር

خوله

አፍ

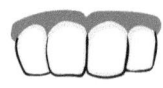

غاښ

ጥርስ

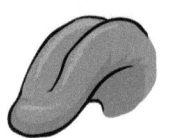

ژبه

ምላስ

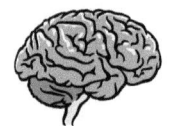

مغز

አንጎል

زړه

ልብ

عضله

ጡንቻ

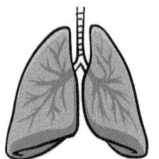

سږی

ሳምባ

ځیګر

ጉበት

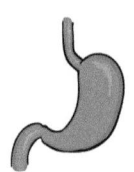

معده

ሆድ

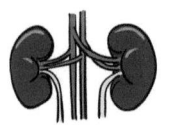

پښتورګي

ኩላሊቶች

جنسي نږدې والی

የግብረስጋ ግንኙነት

کانډوم

ኮንዶም

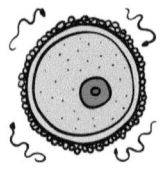

تخمه

የሴት እንቁላል

مني

የዘር ፈሳሽ

حمل

እርግዝና

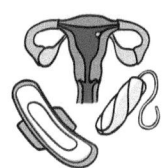

حيض

የወር አበባ

مهبل

እምስ

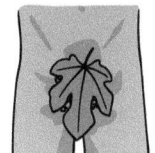

د نارينه تناسلي آله

ቁላ

وروځی

ቅንድብ

ویښته

ፀጉር

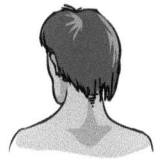

غاړه

አንገት

روغتون
ሆስፒታል

امبولانس
አምቡላንስ
ویل چیر
ተሽከርካሪ ወንበር
کسر
ስብራት

ډاکټر

ዶክተር

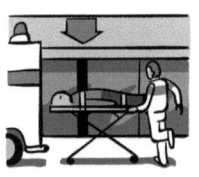

عاجل خونه

ድንገተኛ ክፍል

رنځورپال

ነርስ

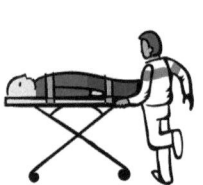

عاجل

ድንገተኛ

بې هوش

ራስን መሳት/ አለማወቅ

درد

ህመም

ټپ

ጉዳት

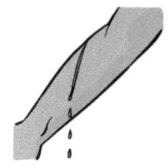

وينه تويدل

መድማት

د زړه حمله

የልብ ድካም

ضرب

ስትሮክ

حساسيت

አለርጂ

ټوخی

ሳል

تبه

ትኩሳት

انفلوينزا

ኢንፍሎዌንዛ

نس ناستی

ተቅማጥ

سر درد

የራስ ምታት

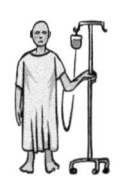

سرطان

ካንሰር

شکر

የስኳር በሽታ

جراح

ቀዶ ጠጋኝ ሐኪም

سکالپل

የቀዶ ጥገና ስለት

عمليات

ቀዶ ጥገና

سي.ټي

ሲ.ቲ

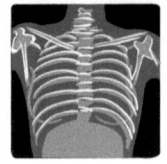

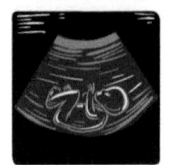

ايکس رې

ኤክስሬዮ

الټراساونډ

አልትራሳዉንድ

د مخ ماسک

የፊት ጭምብል

ناروغي

በሽታ

انتظار خونه

መጠበቂያ ክፍል

امسا

ምርኩዝ

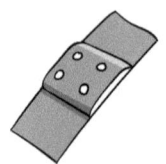

پلستر

የቁስል ማሸጊያ

بنداژ

ፋሻ

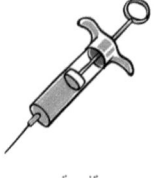

تزريق

መርፌ

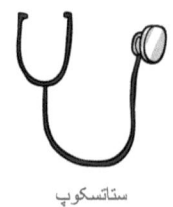

ستاتسکوپ

የልብ ምት ማዳመጫ መሳሪያ

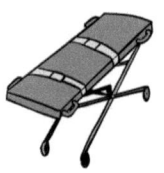

تسکيره

የበሽተኛ አልጋ

کلينکي ترماميټر

የህክምና ሙቀት መለኪያ መሳሪያ

زيږون

መውለድ

زيات وزن

ከልክ ያለፈ ክብደት

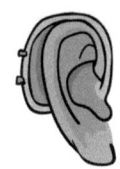

د اوريدو مرسته

ለመስማት የሚረዳ መሳሪያ

د عفونيت ځخه پاکونکي مواد

ፀረ ተባይ መድሀኒት

عفونيت

ማመርቀዝ

ويروس

ቫይረስ

ايچ.آی.وی/ايدز

ኤች አይቪ ኤድስ

درمل

ህክምና

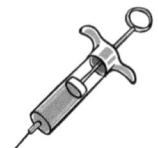

واکسين

ክትባት

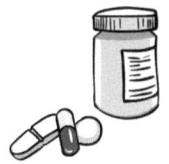

ټابليټس

ኪኒን

ګولۍ

ኪኒን

عاجل تليفون

አስቸኳይ የስልክ ጥሪ

د ويني د فشار ځارونکی

ደም ግፊት መቆጣጠሪያ

ناروغ/روغ

ህመም/ ጤንነት

عاجل

ድንገተኛ

مرسته!

እርዳታ!

الارم

ማንቂያ ደወል

یرغل

ጥቃት

برید

ድብደባ

خطر

አደጋ

عاجل لاره

የድንገተኛ መዉጫ

اور!

እሳት!

د اور وژونکی

እሳት ማጥፊያ

پېښه

አደጋ

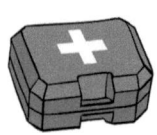

د لومړی مرستې لوازم

የመጀመሪያ እርዳታ መድሃኒት መያዣ

ایس.او.ایس

ነፍስ አድን

پولیس

ፖሊስ

ምድር

اروپا

አዉሮፓ

شمالي امریکا

ሰሜን አሜሪካ

سهیلي امریکا

ደቡብ አሜሪካ

افریقا

አፍሪካ

آسیا

እስያ

آسټرلیا

አዉስትራሊያ

اتلانتیک

አትላንቲክ

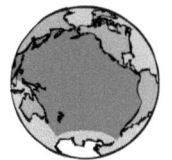

پاسیفیک

ፓስፊክ

د هند بحر

የህንድ ዉቅያኖስ

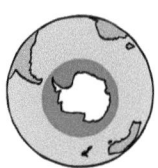

جنوبي منجمد بحر

አንታርክቲክ ዉቅያኖስ

د شمال قطب بحر

አርክቲክ ዉቅያኖስ

شمالي قطب

ሰሜን ዋልታ

سهيلي قطب

ደቡብ ዋልታ

انټارکټيکا

አንታርክቲካ

ځمکه

ምድር

ځمکه

መሬት

بحر

ባህር

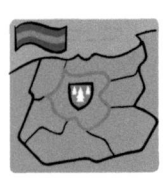

ټاپو

ደሴት

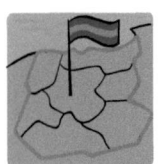

ملت

አገርና ህዝብ

دولت

መንግስት

د مخي ساعت
....
የሰዓት ገፅታ

د ساعت ستنه
....
ሰዓት

د دقيقي ستنه
....
ደቂቃ

د ثانيی ستنه
....
ሴኮንድ

څه وخت دی؟
....
ስንት ሰዓት ነው?

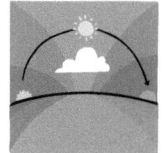

ورځ
....
ቀን

وخت
....
ጊዜ

اوس
....
አሁን

ډيجيټل ساعت
....
የቁጥር ሰዐት

دقيقه
....
ደቂቃ

ساعت
....
ሰዓታት

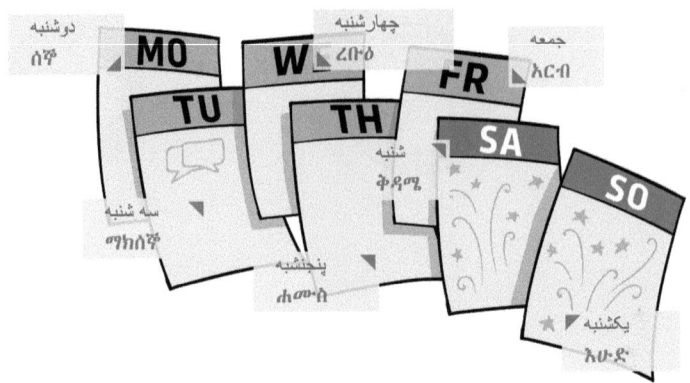

دوشنبه
س�̈ኞ MO

چهارشنبه
ۤۤۤۤۤ W ረቡዕ

جمعه
اردو FR ዓርብ

TU

TH

SA

شنبه
ቅዳሜ

SO

سه شنبه
ማክሰኞ

پنجشنبه
ሐሙስ

یکشنبه
እሁድ

پرون

ትላንት

نن

ዛሬ

سبا

ነገ

سهار

ማለዳ

غرمه

ቀትር

مازیگر

ምሽት

MO	TU	WE	TH	FR	SA	SU
1	2	3	4	5	6	7
8	9	10	11	12	13	14
15	16	17	18	19	20	21
22	23	24	25	26	27	28
29	30	31	1	2	3	4

کاري ورځي

የስራ ቀናት

MO	TU	WE	TH	FR	SA	SU
1	2	3	4	5	6	7
8	9	10	11	12	13	14
15	16	17	18	19	20	21
22	23	24	25	26	27	28
29	30	31	1	2	3	4

د اونۍ پای

የዕረፍት ቀናት

ዓመት

باران
ዝናብ
رنګین کمان
واوره
ጥጥ የሚመስል አመዳይ
በረዶ
پسرلی
ፀደይ
اوړی
በጋ
منی
መኸር
ژمی
ክረምት

4.APRIL 11°
5.APRIL 4°
6.APRIL 13°
7.APRIL 8°
8.APRIL 10°

د موسم وړاندوینه
የአየር ሁኔታ ትንበያ

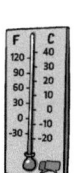

0
10
0
-10

ترمومیټر
የሙቀት መለኪያ

د لمر وړانګې
የፀሀይ ሙቀት

وریځ
ደመና

لړه
ጭጋግ

رطوبت
እርጥበታማነት

رڼا

....

መብረቕ

تندر

....

ነጎድጓድ

توفان

....

ኣዉሎ ንፋስ

ږلۍ وريدل

....

የበረዶ ዝናብ

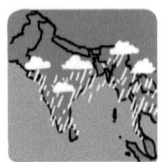

مون سون باران

....

ኣዉሎ ንፋስ

سيلاب

....

ጎርፍ

يخ

....

በረዶ

جنوري

....

ጥር

فبروري

....

የካቲት

مارچ

....

መጋቢት

اپرېل

....

ሚያዚያ

مى

....

ግንቦት

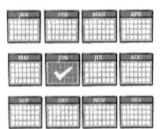

جون

....

ሰኔ

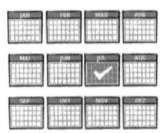

جولای

....

ሐምሌ

اګست

....

ነሀሴ

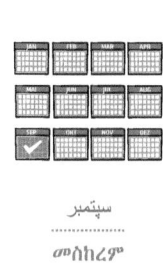

سپتمبر

መስከረም

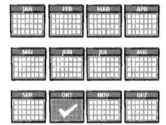

اکتوبر

ጥቅምት

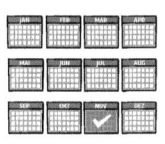

نومبر

ህዳር

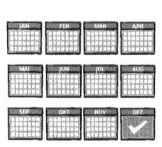

دسمبر

ታህሳስ

شکلونه

ቅርፆች

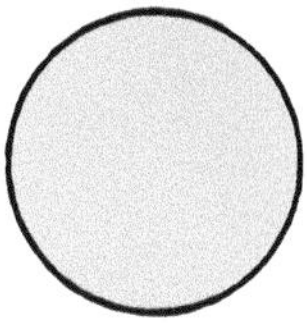

دایره

ክብ

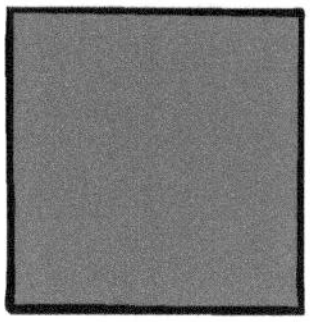

مربع

አራት ማዕዘን

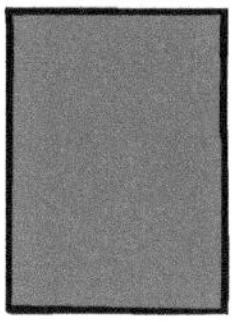

مستطیل

አራት ቀጥተኛ ማዕዘኖች ጎኖች ያሉት ቅርፅ

مثلث

ሶስት ማዕዘን

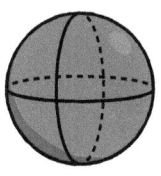

توپ

ሉል

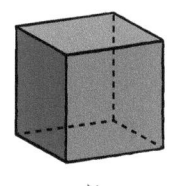

فال

ስድስት ጎን ያለዉ ቅርፅ

رنګونه

ቀለማት

سپین

ነጭ

ژیړ

ቢጫ

نارنجي

ብርቱካናማ

ګلابي

ሮዝ

سور

ቀይ

ارغواني

ወይን ጠጅ

نیلي

ሰማያዊ

شین

አረንጓዴ

نسواري

ቡኒ

خړ

ግራጫ

تور

ጥቁር

خورا ډیر/خورا لږ

....

ብዘ / ጥቂት

قار/ارام

....

ንዴት/ እርጋታ

ښکلي/بدشکله

....

ቆንጆ/ አስቀያሚ

پیل/پای

....

ጅማሬ/ ፍፃሜ

لوی/کوچنی

....

ትልቅ/ ትንሽ

روښانه/تیاره

....

ደማቅ/ ደብዛዛ

ورور/خور

....

ወንድም/ እህት

پاک/ککړ

....

ንፁህ/ ቆሻሻ

مکمل/نامکمل

....

የተሟላ/ ያልተሟላ

ورځ/شپه

....

ቀን/ ምሽት

مړ/ژوندی

....

የሞተ/ ህያዉ

پراخه/نرۍ

....

ሰፊ/ ጠባብ

د خوراک وړ/نه خوړل کېدونکی

....

የሚበላ/ የማይበላ

بد/مهربان

....

ክፉ/ ደግ

پارېدلی/بې خونده

....

ደስተኛ/ ድብርተኛ

چاق/وچ

....

ወፍራም/ ቀጭን

لومړی/وروستی

....

መጀመርያ/ መጨረሻ

ملګری/دښمن

....

ጓደኛ/ ጠላት

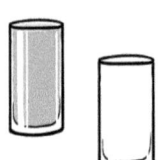

ډک/تش

....

ሙሉ/ ጎዶሎ

سخت/نرم

....

ጠንካራ/ ለስላሳ

درونډ/سپک

....

ከባድ/ ቀላል

لوږه/تنده

....

ረሃብ/ ጥማት

ناروغ/روغ

....

ህመም/ ጤንነት

غیرقانوني/قانوني

....

ህገወጥ/ ህጋዊ

هوښيار/ساده

....

ጎበዝ/ ደደብ

کیڼ/ښي

....

ግራ/ ቀኝ

نږدې/لرې

....

ቅርብ/ ሩቅ

متضاد - ተቃራኒዎች

نوی/زوړ

አዲስ/ አሮጌ

هیڅ/یو څه

ምንም/ የሆነ ነገር

بډا/ځوان

ሽማግሌ/ ወጣት

چالان/بند

የበራ/ የጠፋ

خلاص/تړلی

ክፍት/ ዝግ

غلی/لوړ غږ

ፀጥታ/ ጫጫታ

بډایه/غریب

ሃብታም/ ደሃ

صحيح/غلط

ትክክለኛ/ የተሳሳተ

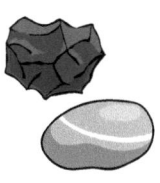

زیږ/ملایم

ሻካራ/ ለስላሳ

خفه/خوش

ሐዘን/ ደስታ

لنډ/اوږد

አጭር/ ረዥም

سست/ګړندی

ዝግተኛ/ ፈጣን

لوند/وچ

እርጥብ/ ደረቅ

ګرم/یخ

ሞቃት/ ቀዝቃዛ

جګړه/سوله

ጦርነት/ ሰላም

شميرۍ

ቁጥሮች

0 صفر ዜሮ	1 یو አንድ	2 دوه ሁለት
3 درې ሶስት	4 څلور አራት	5 پنځه አምስት
6 شپږ ስድስት	7 اوه ሰባት	8 اته ስምንት
9 نهه ዘጠኝ	10 لس አስር	11 یولس አስራ አንድ

12

دولس

አስራ ሁለት

13

دیارلس

አስራ ሶስት

14

څوارلس

አስራ አራት

15

پنځلس

አስራ አምስት

16

شپاړس

አስራ ስድስት

17

وولس

አስራ ሰባት

18

اتلس

አስራ ስስምንት

19

نولس

አስራ ዘጠኝ

20

شل

ሃያ

100

سل

መቶ

1.000

زر

ሺህ

1.000.000

میلیون

ሚሊዮን

انگلسي

እንግሊዝኛ

امریکایی انگلسي

የአሜሪካ እንግሊዝኛ

چینایی مندرین

የቻይና ማንዳሪን

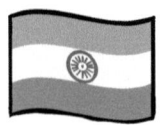

هندي

ሒንዱ

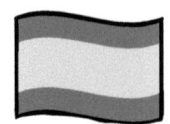

هسپانوي

ስፓኒሽ

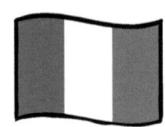

فرانسوي

ፍሬንች

عربي

አረብኛ

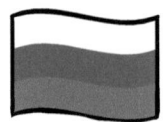

روسي

ራሺያኛ

پرتگالي

ፖርቹጊዝ

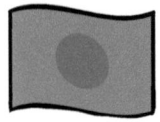

بنگالي

ቤንጋሊ

آلماني

ጀርመን

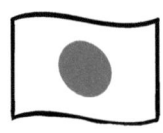

جاپاني

ጃፓንኛ

زه

እኔ

ته

ንተ

هغه/دغه/دا

እሱ/ እርሷ/ እቃዉ

موږ

እኛ

تاسې

ንተ

دوی/هغوی

እነርሱ

څوک؟

ማን?

څه؟

ምን?

څنګه؟

እንዴት?

چیرې؟

የት?

کله؟

መቼ?

نوم

ስም

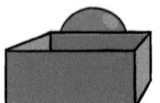

چیرې

የት

شاته

በስተጀርባ

په

ዉስጥ

په مخه کې

ከፊት ለፊት

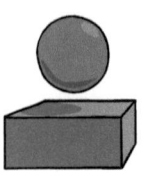

باندې

ከላይ

په

ላይ

لاندې

ከስር

برسیره پر

አጠገብ

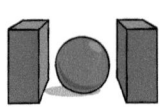

ترمینځ

መሃከል

ځای

ቦታ